소그룹 성경 공부 안내서

Small Group Bible Study Guide

김득해
(Samuel D. Kim)

인문MnB

초신자와 생명의 말씀(성경)을
사모하는 분들에게

　지난 몇 년 동안 Corona Pandemic 때문에 각 교회에서 대면예배를 드리지 못할 뿐 아니라 숫자의 제한으로 구역예배나 Group 성경 공부를 제대로 진행할 수 없음을 안타깝게 여기던 중에 Corona 환경에 맞는 '소그룹 성경 공부 안내서(Small Group Bible Study Guide)'를 출판하게 되었다.

　이 안내서는 초신자를 비롯해서 다시 신앙생활을 시작하고자 하는 성도들에게 많은 도움이 되리라 생각한다. 다른 성경 공부 안내서와 다른 점은 성경 구절을 많이 인용함으로써 성경에 대한 지식이 풍부해지고 또한 성경 지식을 우리 신앙생활에 잘 적용할 수 있는 방법을 제시했다는 점이다. 그리고 이 성경 공부 안내서는 매 장마다 서로 연결되어 있으므로 성경을 조직적으로 읽을 수 있다.

한 가지 부탁은 이 안내서를 통하여 성경 공부를 일단 시작하면 도중에 중단하지 말기를 바란다. 성경 공부를 끝까지 마칠 수 있다면 신앙생활 성장에 많은 수확을 거둘 수 있으리라 믿는다.

2022년 여름 김득해(Samuel D. Kim)

| 차례 |

소그룹 성경 공부에 들어가기 전에

서론 : 소그룹 성경 공부에 들어가기 전에

세계 어느 종교의 경전을 찾아봐도 기독교가 주장하는 "부활"이라는 단어는 찾아 볼 수 없다. 아마도 부활이라는 단어는 기독교만이 특권적으로 사용하는 단어임에 틀림없다. 더 나아가서 하나님은 그가 창조한 인간을 극진히 사랑하셔서 독생자를 이 세상에 보내시고 십자가에 못 박게 하시므로 아담의 원죄로부터 자기가 지은 죄까지 십자가의 보혈로 깨끗이 씻어서 구원의 반열에 이르게 하셨다. 그뿐 아니라 구세주이신 예수 그리스도께서 부활의 첫 열매가 되신 것처럼 우리도 장차 부활에 참여하게 된다는 이 기쁜 복음의 소식을 땅 끝까지 전하는 것이 구원받은 그리스도인들의 의무요 주님의 지상명령인 것이다.

그러면 구원의 주가 되시는 예수 그리스도는 누구인가?

James Allan Frances 박사(1864-1928)는 구세주이신 예수 그리스도

를 다음과 같이 묘사했다.

예수 그리스도는 한 시골 여인의 아들로 무명의 동네에서 태어났다. 이곳에서 그는 30세가 될 때까지 목수의 아들로서 목공소의 목수로 일했다.

그는 결단코 관직을 취하지도 않았고 그는 대학에 가보지도 않았다. 그는 큰 도시에 나가지도 않고, 그가 태어난 곳으로부터 200마일 이상을 여행한 적도 없었다. 그는 신임장도 없었고 단지 그 자신 홀로였다.
그는 전 세계에 가장 큰 영향을 입히셨고, 역사의 중심이며,
역사는 그분의 이야기이다.

예수 그리스도(복음 : 福音)가 들어가는 나라마다 변화되었고, 개인마다 변화가 되었다. 예수 그리스도는 우리를 새생명으로 인도하는 하나님의 아들이요 구세주임에 틀림없다.

<u>그러면 성경은 예수 그리스도를 어떻게 묘사하였는가?</u>

성경은 구약에서 벌써 예수는 하나님의 아들이요 구세주로 오실 것을 이미 예언하였다.

이사야 7:14에 의하면 "그러므로 주께서 친히 징조를 너희에게 주실 것이라 보라 처녀가 잉태하여 아들을 낳을 것이요 그의 이름을 임마누엘이라 하리라" 하였다.

여기서 임마누엘이란 "하나님이 우리와 함께 하신다"는 뜻이다. 다시 말해서 하나님의 아들로 오신 예수가 우리와 동행하신다는 것을 말해 주고 있다.

신약에서도 마태복음 16:16에 "시몬 베드로가 대답하여 이르되 주는 그리스도시요 살아 계신 하나님의 아들이시니이다"라고 증언하고 있다. 이 구약과 신약에서의 예수는 그리스도, 곧 구세주임을 알려주는 명백한 예언이며 성취인 것이며, 이 예언들은 예수님이 태어나기 전 수 백 년 전에 이미 기록되어 있었다.

사도행전 2:36절에 의하면 "그런즉 이스라엘 온 집은 확실히 알지니 너희가 십자가에 못 박은 이 예수를 하나님이 주와 그리스도가 되게 하셨느니라" 말하고 있다.

예수라는 말은 히브리어에서 온 단어로 구원하다(to save)라는 뜻을 가지고 있다. 그리고 그리스도란 말은 헬라어로 기름을 부음받은 자

(anointed one)란 뜻으로 메시야 곧 구세주를 말한다.

예수 그리스도는 죄인인 우리를 구원하시기 위해서 오셨다.

마태복음 11:28절에 "수고하고 무거운 짐 진 자들아 다 내게로 오라 내가 너희를 편히 쉬게 하리라"라고 말씀하시면서 전인류를 초청하여 구원의 반열에 이르게 하셨다.

또 누가복음 7:48절에 의하면 주 예수 그리스도께서는 죄를 사해 주시는 권세를 가지셨다고 기록되어 있고 요한복음 11:43-44절에는 주 예수께서 죽은 자를 살리시는 권세까지도 가지셨다고 기록되어 있다.

본래 하나님은 인간을 창조하시고 피조물인 인간으로부터 영광을 받으시기를 원했다.

이사야 43:7에 "내 이름으로 불려지는 모든 자 곧 내가 내 영광을 위하여 창조한 자를 오게 하라 그를 내가 지었고 그를 내가 만들었느니라" 하였다. 다시 말해서 우리 인간을 창조한 목적은 창조주 하나님의 영광을 위해서라고 할 수 있다.

로마서 5:12에 "그러므로 한 사람(아담)으로 말미암아 죄가 세상에 들어오고 죄로 말미암아 사망이 들어왔나니 이와 같이 모든 사람이 죄를 지었으므로 사망이 모든 사람에게 이르렀느니라"라고 하였다. 죄를 지으면 하나님의 영광에 이르지 못하는 게 문제이다. 로마서 3:23에 모든 사람이 죄를 범하였으매 하나님의 영광에 이르지 못하느니라 하였는데 결과적으로 인간의 본질적 문제는 경제문제, 정치문제, 환경문제가 아니라 죄의 문제이며, 구원의 문제이다.

　이 문제의 해결 없이 사는 것은 무의미하다.

　우리의 조상인 아담이 죄를 지음으로 말미암아 우리도 그 아담의 원죄를 이어받아 고통의 생활을 면치 못하게 되었지만 구세주인 주 예수 그리스도의 십자가 희생으로 우리의 죄를 탕감해 줌으로써 죄에서 해방을 얻게 되었다.

　이 소그룹 성경 공부 안내서는 구원문제를 중심으로 그리고 구원받은 사람의 신앙생활과 사탄의 시험을 이기는 방법, 교회 공동체의 역할 및 성경과 기도를 통한 하나님과의 대화를 주제로 다루었다. 이 안내서는 총 9장으로 구분되어 있는데 매 장마다 성경의 배경을 기초로 하여 작성된 것이다.

제1장

구원의 문제

제1장 구원의 문제

신앙생활에 있어서 구원문제는 지금까지도 가장 중요한 과제로 남아 있다. 신학자들이 그동안 이 문제에 관하여 많은 연구를 해 왔으나 아직까지도 정확한 답을 주지 못하고 있다. 그리고 내가 구원을 받았는지 정확하게 아는 사람도 많지 않다. 왜냐하면 구원은 전적으로 하나님의 주권에 속해 있기 때문이다. 그러나 하나님께서는 우리를 구원의 반열에 두시려고 독생자를 희생의 대속물로 삼으셨는데 그 이유는 하나님께서는 자기의 형상으로 지으신 인간을 사랑하시기 때문이다.

그러면 구원을 받기 위해서 우리가 해야 할 일은 무엇인가? 제일 첫 단계가 하나님께 우리의 죄를 뉘우치는 것이다. 다시 말해서 지금까지 죄로 물든 세상을 향해 살던 삶을 하나님께로 방향을 전환시키는 행위인 "회개"가 반드시 있어야 한다는 것이다. 우리가 온몸과 정성을 다해 회개할 때에 하나님은 우리에게 구원의 길을 열어 주신다.

그런데 회개에는 다음의 세 가지 요소가 필연적이다. 첫째로 회개에는 내가 죄인이라는 것을 지식적으로 판단하는 이성적인 요소가 있어야 하고 둘째로 내가 죄인이라는 사실을 뉘우치게 하여 내 마음을 움직이는 감성적이고 감정적인 요소가 작용해야 하고 셋째로는 이렇게 죄를 지어 잘못된 것을 반드시 고치려고 하는 결심이 필요한데 이것은 의지적인 요소의 역할이다. 그러므로 회개는 이와 같이 지적, 감성적 그리고 의지적 요소가 동시에 작용할 때 일어나는 행동이다.

그리고 회개를 하는데 있어서 믿음이 반드시 동반되어야 한다. 그 믿음의 대상은 바로 예수 그리스도이시다. 그러므로 믿음은 예수 그리스도는 하나님의 아들이시며 구세주로 나의 죄를 위하여 십자가에서 죽으시고 다시 사흘 만에 부활하심으로써 이제 나의 모든 죄가 사해진 것을 확신하는 것이다.

구약성경 이사야 53장 5-6절의 말씀에 의하면 "그가 찔림은 나의 허물 때문이요 그가 상함은 나의 죄악 때문이라 그가 징계를 받음으로 내가 평화를 누리고 그가 채찍에 맞음으로 내가 나음을 입었도다. 나는 양 같아서 그릇 행하여 내 길로 갔거늘 여호와께서는 나의 죄악을 그에게 담당시켰도다."고 되어 있다.

주님께서 이천 년 전에 십자가에서 우리를 위해 이미 모든 죄에 대한 대가를 다 치루신 것은 역사적 사실이다. 이제는 이 사실을 마음속으로 새기고 거기에 우리 생애를 의탁함으로써 주님의 자녀가 되는 것이다.

"영접하는 자 곧 그 이름을 믿는 자들에게는 하나님의 자녀가 되는 권세를 주셨으니"(요 1:12)라고 했다. 또 이렇게 믿는 사람들, 즉 마음속에 주님을 의지한 사람들은 의롭다 함을 받았다고 하였다.(롬 4:5, 3:25-26) 우리의 죄가 주님의 공로로 말미암아 용서받았을 뿐 아니라 이제는 예수님의 의가 바로 내 속에 심어져서 하나님께서 나를 보실 때 나의 죄를 보지 않으시고 주님의 의를 보신다는 의미이다. 이것은 전적으로 하나님의 은혜이다. 이제 우리 모두는 주님의 희생을 통하여 하나님을 아버지라고 부를 수 있는 특권을 가지게 되었다.

다음 성경 구절은 구원을 받은 자들의 신앙고백이 될 수 있는 중요한 성경 말씀이다.

1) 저가 한 제물(십자가의 죽음)로 거룩하게 된 자(구원 얻은 자)들을 영원히 온전케 하셨느니라.(히브리서 10장 14절)
2) 따라서 당신은 죄인이었으나 이제 의롭다함을 얻은 자이다.(롬

3:23, 24); 영적으로 죽었던 사람이었으나 이제 살았다.(엡 2:1)

3) 죄의 종이었으나 이제 하나님의 아들이 되었다.(롬 8:16)

4) 사망 가운데 지옥의 자식이었으나 이제는 영생을 얻었다.(롬 6:23)

5) 심판을 받아야만 했으나 이제 심판을 받지 않게 되었다.(요 5:24)

6) 잃어버린바 되었으나 이제 구원을 얻었다.(눅 15:32)

7) 성령을 받지 못했으나 이제 성령은 당신의 마음속에 거하고 계신다.(롬 8:9)

이러한 성경 구절을 통한 신앙고백은 단순히 우리 감정의 작용이 아니고 성령이 믿는 자에게 말씀해 주시는 것이다. 우리는 반드시 이것을 믿음으로 받아들여야 한다.

이렇게 구원의 반열에 서게 된 사람들은 하나님으로부터 다음과 같은 특권을 부여받게 된다.

우선적으로 구원받은 사람은 어떤 죄든지 간에 전부 용서받는 특권을 가지게 된다. 히브리서 10장 17, 18절에 보면 "저희 죄와 저희 불법을 내가 다시 기억하지 아니하리라 하셨으니 이것을 사하셨은즉 다시 죄를 위하여 제사드릴 것이 없느니라."라고 했다. 그리고 이제 그리스도 예수 안에 있는 생명의 성령의 법이 죄와 사망의 법에서 우리를 해방하였다(롬 8:1,2)라고 선언됨으로써 우리는 의롭다함을 얻게 되었다.

이것은 참으로 죄인에게 주는 놀라운 해방이다. 주님을 우리 마음속에 모셔들였을 때 주님은 우리를 의롭게 여겨 주셨다. 이것은 하나님의 변치 않는 말씀이 그렇게 말해 주고 있기 때문에 우리가 감정으로 느끼든 느끼지 않든 상관없이 우리에게 주어진 확실한 것이다.

다음으로 우리에게 주는 특권은 하나님의 양자의 자격을 부여받는 것이다. 주님을 구주로 마음속에 모시는 사람은 누가 뭐라 해도 하나님의 자녀인 것이다. "너희는 다시 무서워하는 종의 영향을 받지 않고 양자의 영을 받았으므로(즉 법적으로 아들이 됨) 이제는 '아바 아버지'라 부르짖느니라. 성령이 친히 우리 영으로 더불어 우리가 하나님의 자녀인 것을 증거하시나니라"고 로마서 8장에서 확실히 보증하고 있다.

마지막으로 성령의 내적 임재이다. 다시 말해서 내 몸을 하나님의 성전으로 사용하시는 것이다. 그렇게 살면 항상 성령으로 충만케 해 주시고 이 세상의 어려운 일들을 이기게 해 주시는 것이다. 구원받은 사람들은 이와 같은 놀라운 특권들을 가지게 된다.

<u>그러면 어떻게 구원에 이르며 구원받은 사람의 의무와 책임은 무엇인가?</u>

먼저 구원에 이르는 데는 대강 일곱 가지의 단계가 있는데 1) 의심 2) 기회 3) 회개 4) 변화 5) 은혜 6) 소명 그리고 7) 선교이다.

<u>첫째는 의심(Doubts)의 단계이다.</u>

누구나 처음부터 예수 그리스도를 구주로 영접하는 자는 많지 않다. 그리스도인들도 처음에는 그 마음속에 구원이나 성경에 나오는 기적적인 내용을 쉽게 받아들이 못했다.

예를 들어 예수께서 동정녀 마리아에게서 태어나셨다든가, 하나님의 아들이 성육신했다든가, 공생애 동안 많은 기적을 일으키고 죽은 자를 살리시고 그 후에 그리스도께서 십자가에 달리시고 사흘 만에 부활하시고 또 천국에 가셔서 장차 그리스도인들이 가서 주님과 더불어 영원히 살게 될 처소를 예비하러 가셨다는 등 믿기 어려운 의심의 요소들이 너무나 많다. 그뿐 아니라 이러한 많은 기적의 일들을 소개하는 성경을 처음부터 의심 없이 받아들인다는 것은 쉬운 일이 아니다.

그러나 성경은 이 <u>의심</u>에 대하여 다음과 같이 권면하고 있다.

"믿음이 적은 자여 왜 의심하느냐?"(마 14:22-32) "너희가 믿음이 있고 의심치 않으면 이 산더러 들려 바다에 던지우리라"(마 17:20) 그리고 성육신 하신 하나님의 아들 "예수를 뵈옵고 경배하나 의심하는 자도 있더라"(마 28:17)고 경고하셨으며 그리고 "오직 믿음으로 구하고 조금도 의심하지 말라"(약 1:6)고 권면하시면서 또 한편으로는 "믿고 구하는 것은 다 받으리라"(마 21:18-22)고 말씀하셨다.

<u>구원의 두 번째 단계는 기회(Opportunity)이다.</u>

예수 그리스도를 믿기 전에 누구든지 그리스도나 성경에 대한 의심을 떨쳐버릴 <u>기회</u>가 반드시 오게 된다. 친구를 통해서나 교회의 교인들을 통해서 전도를 받고 신앙집회나 교회에 가서 하나님의 말씀을 들을 기회를 갖게 되는데 이러한 기회는 사람마다 다르나 항상 오는 것은 아니다. 그러므로 기회가 오면 놓치지 말아야 한다.

성경은 기회에 대하여 이렇게 말하고 있다.

*내가 너희에게 회개할 기회를 주었으되 그 음행을 회개하고자 아니하는도다. (계2:21)
*죄가 기회를 타서 계명으로 말미암아 네 속에서 각양 탐심을 이루

었도다.(롬 7:8)

*눈물을 흘리며 구하되 버린 바가 되어 회개할 기회를 얻지
  못하였느니라.(히 12:17)

*주를 믿는 자는 심판을 받지 아니하고 믿지 아니하는 자는 심판을
  받으리라.(요 3:18)

*기회 있는 대로 모든 이에게 착한 일을 행하라.(갈 6:10)

*기약이 이르면 하나님이 그의 나타내심을 보이시리라.(딤 6:15)

구원의 세 번째 단계는 회개(Repentance)이다.

  의심을 제거할 기회가 와서 자기가 죄인이라는 것을 깨닫게 되면 서
슴지 말고 회개해야 한다. 죄를 회개한다는 것은 주 예수 그리스도는
하나님의 아들이요 구세주로 나의 죄를 용서해 주셨다는 고백을 가리
킨다. 후에 회개에 대하여 다시 설명을 하겠지만 회개는 옛사람에서
벗어나서 영적인 새생명을 가지기 위해 죄를 고백하는 것이다.

  회개에 대한 성경의 말씀은 다음과 같다.

*내가 의인을 부르러 온 것이 아니오 오히려 죄인을 불러
  회개시키려 왔노라.(눅 5:32).

＊회개에 합당한 열매를 맺으라.(마 3:8, 11)

＊눈물을 흘리며 구하되 버린 바가 되어 회개할 기회를 얻지
못하였느니라.(히 12:17)

＊내가 불렀으나 너희가 듣기 싫어하였고 내가 손을 폈으나 돌아보는
자가 없다.(잠 1: 24)

＊타락한 자는 다시 새롭게 회개할 수 없나니 그들이 하나님의
아들을 다시 십자가에 못 박아 욕되게 함이라.(히 6:6)

＊너희가 듣기는 들어도 깨닫지 못할 것이오 보기는 보아도 알지
못하리라.(사 6:9)

구원의 네 번째 단계는 변화(Transformation)이다.

그러면 구원받은 사람은 어떤 변화가 일어나는가? 제일 먼저 신앙생활에 변화가 일어난다. 그러므로 "누구든지 그리스도 안에 있으면 새로운 피조물이라. 이전 것은 지나갔으니 보라 새것이 되었도다."(고후 5:17) 그리스도 안에 있는 사람들은 이제 새로운 피조물이 되었다. 마음도 변화되고 생활도 변화되고 종전과는 완전히 다른 생활을 하게 된다. 예전에는 세상과 죄를 사랑하며 살았지만 이제 그런 것들로부터 벗어나게 된다. 이제는 새로운 방향을 향해서 새로운 포부와 목적을 가지고 살게 된다. 예수를 믿는 사람이라면 정도의 차이는 있지만 분

명히 이러한 생활의 변화가 있게 마련이다.

다음으로 주님의 십자가 희생에 대한 감사가 일어난다. "나의 하나님이여 내가 주의 뜻 행하기를 즐겨 하오니 주의 법이 나의 심중에 있나이다."(시 40:8)라고 시편 기자는 말했다.

얼마나 놀라운 말씀인가? 옛날에는 하나님의 뜻이 나에게 속박으로 느껴졌지만 이제는 내 마음 속에 이 뜻을 따르지 않고서는 만족이 없는 상태로 변하게 되는 것이다. 그리고 예전에는 예수님 보혈의 공로 등과 같은 말은 좀 나약한 사람들이 쓰는 말로 생각되었지만 이제는 정말로 예수님의 귀한 피가 내 죄를 하나도 남김없이 용서했다는 사실을 깨닫게 된다.

다음에 나타나는 현상은 세상을 사랑하는 것보다 하나님의 나라를 사모하는 마음이 생긴다는 것이다. 그렇다고 신앙생활을 하면서 예수를 믿지 않는 사람들과 상종도 하지 말라는 뜻은 아니다. 우리는 이 세상에 살면서 사람들과 접촉도 해야 되며 깊이 사랑하며 그들에게 봉사를 해야 된다. 그러나 우리가 이 세상이 마치 영원히 정착할 곳인 양 이 세상만을 위해서 그리고 그것을 우리의 우상으로 삼고 살아갈 수는 없다는 것이다. 예수를 진정으로 믿는 사람들 속에는 이런 세상을 사랑하지 않고 더 나은 나라 곧 하나님의 나라를 사랑하는 마음이 일어나게 된다는 것이다.

또 하나의 특징은 성령의 내적 증거이다. 이것은 무슨 뜻일까? 내 속에 성령님께서 와 계시기 때문에 증거를 해 주신다는 것이다. 물론 이 것은 주관적인 이야기가 될 수 있다. 즉 각 개인마다 경험이 다를 수 있다. 그래서 이런 내적인 체험에만 의지할 수 없는 것도 사실이다. 그렇지만 예수를 믿는 사람 속에는 시시때때로 성령께서 증거해 주시는 것이다. 가령, 내 마음속에 평화를 주신다든지 또 내 마음속에 하나님을 아버지라 부를 수 있는 용기를 주신다든지 나도 모르게 친구나 혹은 어려움 가운데 있는 사람들을 위해서 진정한 마음으로 기도를 하게 되기도 하는데 이런 것이 다 성령께서 내 속에서 하시는 일이다.

성령이 말할 수 없는 탄식으로 나를 통해서 간구하신다고 로마서 8장 26절에서 지적한 것이 바로 이런 것을 의미한다. 또 때때로 내 마음속에 성령의 열매가 맺히게 된다. 성령의 아홉 가지 열매(갈 5:22-23)가 하나씩 맺히기 시작한다. "사랑과 희락과 화평과 오래 참음과 자비와 양선과 충성과 온유와 절제" 참으로 이런 것들은 요즈음 세상에서 제일 부족한 것이며 우리에게 제일 필요한 것들이다. 이런 열매들이 내 속에 때때로 맺힌다는 것이다. 이것은 성령이 내 속에 계신다는 증거가 될 수 있다. 왜냐하면 이런 것들이 성령의 열매이기 때문이다.

성령의 열매를 맺게 되면 성령이 나를 인도하신다는 확신을 가지게 된다. 이 말은 예수님을 믿는 사람이라면 성령께서 모든 일을 다 알려 주시고 앞으로 나가게 해 주신다는 말은 아니다. 만약 그렇다면 "오직 의인은 믿음으로 말미암아 살리라"는 말씀은 무의미하게 된다. 이것은 우리가 어떤 때는 알지 못하고 가지만 주님을 의지하고 살 때에 주님 께서 우리를 책임져 주시고 우리 시련도 허락하시지만 궁극적으로 우리의 갈 길을 지시해 주신다는 뜻이다.

끝으로 생명의 말씀인 성경에 대한 갈급함이 생긴다. 하나님의 말씀을 사모한다는 말을 하기는 쉽지만 실제로 이 말씀을 규칙적으로 읽기는 쉽지 않다. 규칙적으로 말씀을 읽는 사람들은 성경으로부터 매일매일 위로와 능력을 얻어 살게 된다. 이것이 그리스도인들의 생활이다.

성경은 우리 신앙생활에서 여러 가지 모양으로 **변화**하는 모습을 제시하고 있다.

마음이 새로워지며(新心 신심)(삼상 16:3, 렘 17:9, 계:1:5), 다시 중생(新重 신중)하게 되고(딛 3:5, 요 3:1-7, 벧전 1:23), 세상을 향해 살던 것이 주님을 위해 살게 되어 방향을 바꾸게 되며(新向 신향)(마 18:3, 마 7:13-14, 히 11:10) 그리고 인생의 새로운 주인인 주님을 모시게 되며(新主 신주)(요 1-4, 계 3:20), 세상의 넓은 길로 가다가 천국을 향해 좁은 길로 걸어가게 된다.(新道 신도)(시 40:2-3, 요 14:6, 행 4:12) 그리고 주님 안에서 새로운 안식을 취하게 된다.(新息 신식)(사 57:20-21, 마 11:28-30)

결과적으로 말하면 180도로 바뀐 새로운 신앙생활(新生 신생)(엡 2:1-3, 2:8-9, 롬 6:23, 요일 5:12)을 하게 된다는 것이다. 더 나아가서 하나님은 저주를 복이 되게 하고(신 23:5) 슬픔이 변하여 춤이 되게 하며(시 30:10-11) 옛사람이 변하여 새사람이 되게 한다.(삼상 10:6) 그리스도 안에 있으면 새로운 피조물이 되어 이전 것은 지나가고 새 것이 된다.(고후 5:17) 이 세대를 본받지 말고 마음을 새롭게 함으로 변화를 받아 하나님이 기뻐하시고 온전하신 뜻이 무엇인지 분별하라고 하게 되며(롬 12: 2), 죽은 자들이 썩지 아니하고 다시 살아나고 우리도 변화되며(고전 15:52) 주와 같은 형상으로 변하여 영광에서 영광에 이르고(고후 3:18) 장차 주가 나타나시면 우리도 그와 같이 될 것을 말해 주고 있다.(요일 3:2)

<u>구원의 다섯 번째 단계는 은혜(Grace)이다.</u>

예수 그리스도를 구주로 받아들여 변화된 후 새사람이 된 사람들은

하나님께서 넘치도록 은혜를 주신다고 성경은 기록하고 있다. 이 은혜는 단회적인 것이 아니고 우리가 이 세상에 살아 있는 동안 계속해서 내려주신다. 이 은혜를 헛되이 받아서는 안 된다. 이 은혜를 진지한 태도로 받되 앞으로 이 은혜를 통하여 주님께서 주신 사명을 어떻게 완수할 것인지 깊이 생각을 해야 한다.

성경은 하나님의 풍성한 <u>은혜</u>가 변화된 사람에게 주어지되 은혜를 값없이 받아서는 안 된다고 권고하고 있다.

지금은 은혜 받을 만한 때요. 보라 지금은 구원의 날이로다.(고후 6:2) 모든 은혜를 너희에게 넘치게 하며(고후 9:8) 하나님의 은혜로 값없이 의롭다 하심을 얻게 되었다.(롬 3:24) 여호와께서 그의 얼굴을 내게 비추사 은혜 베푸시기를 원하시며(민 6:25) 은혜 위에 은혜를 더 베푸시며(요 8:9) 너희에게 은혜를 베풀려 하심이니 그를 기다리는 자는 복이 있다고 하셨고(사 30:18) 그의 은혜의 풍성함을 따라 사죄함을 받았다고 하셨으며(엡 1:7) 여호와는 은혜로우시며 긍휼이 많으시며 노하기를 더디 하시고 인자하심이 크시다고 하셨고(시 145:8) 우리가 그의 은혜를 힘입어 의롭다 하심을 얻어 그의 성령을 풍성히 받느니라고 하였다.(딛 3:7) 그리고 끝으로 은혜를 헛되이 받지 말라고 권하고 있다.(고후 6:1)

구원의 여섯 번째 단계는 소명(Calling)이다.

하나님의 넘치는 은혜를 받은 기독교인들은 주님의 지상명령인 복음 전파의 소명을 받게 된다. 이 복음 전파의 소명은 주님이 우리를 특별히 선택하고 부르시는 명령으로서 실천하든지 안하든지 상관없는 선택의 자유가 있는 것이 아니고 기독교인들은 누구나 의무적으로 실천해야 하는 주님의 특수한 계명인 것이다. 때로는 바쁘다는 핑계로 혹은 여러 가지 사정에 의해서 주님의 소명을 거역하는 때도 많으나 가능한 이 소명을 잘 감당하는 것이 주님을 기쁘게 하는 것이라는 것을 잊지 말아야 한다.

성경은 **소명**에 대하여 다음과 같은 대답을 주고 있다.

너희들은 예수 그리스도의 것으로 부르심을 입은 자니라.(롬 1:6) 부르심을 입은 자들에게는 협력하여 선을 이루니라.(롬 8:29) 부르신 그들을 의롭다 하시고 또 의롭다하신 자들을 영화롭게 하셨느니라.(롬 8:30) 하나님이 각 사람을 부르신 대로 행하라.(고전 7:17-20) 복음으로 너희를 부르사 우리 주 예수 그리스도의 영광을 얻게 하려 하심이라.(살후 2:14)

믿음의 선한 싸움을 싸우라. 영생을 취하라. 이를 위하여 네가 부르심을 입었고 많은 증인 앞에서 선한 증거를 하였도다.(딤 6:12) 추수할 것은 많되 일꾼이 적으니 추수할 일꾼을 보내 주소서.(마 9:37-38) 하나님이 우리를 거룩하신 소명으로 부르심은 우리의 행위대로가 아니고 우리에게 주신 은혜대로 하심이라.(딤후 1:9) 내가 이 복음을 위하여 선포자와 사도와 교사로 세우심을 입었노라.(딤후 1:11) 사도 바울은 하나님의 복음을 전하기 위해 사도로 부르심을 입었다.(롬 1:1) 주 안에서 부르심을 받은 자는 종이라도 주께 속한 자유인이다.(고전 7:22) 세상의 미련한 자를 택하사 지혜로운 자를 부끄럽게 하시려고 하고 약한 것들을 택하사 강한 것들을 부끄럽게 하신다.(고전 1:27) 청함을 받은 자는 많으나 택함을 입은 자는 적다.(마 22:14) 우리 마음의 눈을 밝히사 그의 부르심의 소망이 무엇인지 깨달아야 한다.(엡 1:18) 푯대를 향하여 그리스도 예수 안에서 하나님이 위에서 부르신 부름의 상을 위하여 달려가노라.(빌 3:14)

구원의 일곱 번째 단계는 선교(Mission)이다.

마지막으로 구원을 받은 사람은 주님께서 지상명령을 위해 부르실 때 아멘(Amen)으로 응답하고 선교에 나서야 한다. 선교에는 여러 종류가 있다. 그러나 중요한 것은 하나님의 선교의 목적에 따라 지정해 주는 장소가 어느 곳이나 상관없이 선교에 참여해야 한다.

특히 Post Modern(후기 현대)시대의 선교는 Missional Church가 선교의 중요한 방법의 하나로 대두되고 있다. Missional Church의 의미는 다음과 같다. Missional Church는 Triangle(삼각관계) mission으로 구원받은 자의 공동체인 성도(선교자)들이 가까이 있는 이웃(선교 대상자)에게 가서 매일 매순간 복음(선교의 지침서)을 들고 사랑의 교제(Koinonia)를 나누는 것이다. 이 Missional Church는 시간이 있을 때나 혹은 장시간 계획을 세워서 하는 Long term Mission이 아니고 때를 가리지 않고 하는 선교이다. 이 선교는 단회적인 선교가 아니고 계속적인 선교(On Going Mission)이다.

성경은 주님의 지상명령인 <u>선교</u>에 대하여 다음과 같이 설명하고 있다.

믿지 아니하는 이를 어찌 부르리요. 듣지도 못한 이를 어찌 믿으리요. 전파하는 자가 없이 어찌 들으리요?(롬 10:14) 내가 전파하는 자와 사도 세움을 입은 것은 참말이요. 거짓말이 아니니라.(딤전 2:7) 그러므로 모든 족속으로 제자를 삼아 아버지와 아들과 성령의 이름으로 세례를 주라.(마 28:19) 너희는 온 천하에 다니며 만민에게 복음을 전파하라.(막 16:15) 아버지께서 나를 보내신 것같이 나도 너희를 보내노라.(요

20:21) 성령이 너희에게 임하면 너희가 권능을 받고 예루살렘과 온 유대와 사마리아 땅 끝까지 내 증인이 되라.(행 1:8) 천국 복음이 모든 민족에게 증언되기 위하여 온 세상에 전파되리니 그제야 끝이 오리라.(마 24:14)

구원받은 자의 의무

이렇게 구원의 7단계를 거쳐 구원의 확신이 섰다고 하더라도 이것은 끝이 아니고 단지 신앙생활의 첫 걸음이라고 생각해도 무방하다. 그렇기 때문에 이제부터는 구원받은 자로서의 신앙생활을 해야 할 의무와 책임이 있는 것이다.

구원받은 자의 첫째 의무는 올바른 신앙생활을 위해 생명의 말씀인 성경을 꾸준히 읽어야 하는 것이다. 성경을 계속 읽지 않으면 우리는 신앙적으로 성장할 수 없다. 성경은 살아있는 생명의 말씀이기 때문이다. 구원받은 그리스도인이면서도 신앙이 자라지 못하는 가장 큰 이유는 대부분 성경말씀을 읽지 않기 때문이다. 베드로전서 2:2절에 있는 말씀같이 갓난아기가 신령한 것을 사모하듯이 거룩한 신앙생활을 하기 위해서는 하나님의 말씀을 사모해야 한다.

다음으로 기도를 통해서 신앙생활이 성장할 수 있다. 요한복음 15:7과 빌립보서 4:6절에서 지적했듯이 모든 일에 기도와 간구로 하면 지각에 뛰어나신 하나님이 우리에게 평강을 주신다고 했다. 우리가 호흡을 하지 않고서는 생존할 수 없듯이 기도는 영적생활에 있어서 호흡과 같기 때문에 기도하지 않고는 우리가 하나님을 만날 수가 없다.

또 한 가지의 특징은 다른 그리스도인들과 교제하며 신앙생활을 할 때 신앙이 더 성장한다는 것이다. 요한일서 1:3이나 빌립보서 1:5,6에서 보더라도 하나님께서 이 땅 위에 교회를 세우시고 그리스도인들이 함께 모여 교제를 나누며 서로 사랑하고 위로하며 살아가도록 하셨다. 그리고 깨어지고 상한 마음도 그리스도인들의 교제를 통해서 치유받고 새로운 힘을 얻을 수 있는 것이다. 따라서 교회 중심의 신앙생활도 대단히 중요하며 신앙성장에 도움이 된다.

마지막으로 전도와 봉사를 통해 신앙이 성장한다. 흔히 전도와 봉사는 신앙적으로 크게 성장한 사람들만 할 수 있는 것으로 잘못 생각하는데 그렇지 않다. 처음에는 조직적인 전도를 잘할 수 없어도 자신의 간증으로 시작할 수 있을 것이다. 다만 몇 마디로도 전도할 수 있는 것이다. 봉사도 처음에는 작은 일부터 시작하면 나중에는 큰일도 할 수 있게 된다. 전도와 봉사를 적극적으로 해 나가면서 성령의 도우심을 체험하면 담대함을 얻어 더욱 효과적으로 전도할 수 있게 된다. 이러한 전도와 봉사는 크리스천들이 일생동안 계속되어야 할 과제이기도 하다. 디모데후서 4:2절에 때를 얻든지 못 얻든지 복음을 전파하라고 사도 바울은 디모데에게 권고하고 있다.

제2장

생명의 말씀(성경)

제2장 생명의 말씀(성경)

앞장에서 밝혔듯이 구원을 받은 크리스천들의 신앙생활의 성공 여부
는 무엇보다 성경 말씀을 생명의 말씀으로 인식하고 그 기초 위에 하
루의 생활이 시작되는데 있다. 20세기를 대표하는 신학자 칼 발트(Karl
Barth : 1886-1968)는 성경에 대하여 다음과 같이 논평하였다. 생명의 말
씀인 성경 말씀을 읽지 않고 선반 위에 얹어 놓았다가 주일이 되어서
그 성경에 쌓여 있는 먼지를 털고 교회에 가지고 가는 성경은 생명의
말씀이 아니고 죽은 말씀이나 다름없다. 그래서 나는 항상 생명의 말
씀인 성경을 왼손에 그리고 매일의 소식을 전해주는 신문을 오른쪽에
끼고 다닌다고 했다.

성경은 하나님의 말씀이다. "모든 성경은 하나님의 감동으로 된 것
으로"(딤후 3:16) 사람의 뜻으로 낸 것이 아니요 오직 성령의 감동하심을
입은 사람들이 하나님께 받아 말한 것이라(벧후 1:21) 그리고 하나님께

서 우리에게 말씀하시고자 하는 것은 하나도 빠짐없이 기록되어 있다.

성경은 구약과 신약으로 나누어지는데 구약은 예수님이 오시기 전에 하나님과 인간 사이에 세우신 언약이며 신약은 이 구약의 언약이 예수 그리스도를 통하여 이루어 진 것에 대한 새로운 언약이다.

따라서 신구약 성경의 주제는 하나님의 창조, 조물주와 피조물과의 관계, 하나님의 선택된 백성들의 생활, 그리고 구세주 예수 그리스도와 인간 구원의 목적 등이라고 말할 수 있다. 그리고 이 성경은 40여 명의 저자들이 1600여 년 동안 3대륙에 걸쳐서 3가지 언어로 기록한 책이다.

먼저 구약의 내용을 살펴보면 다음의 4가지 카테고리로 나누어진다. 1) 율법서 2) 역사서 3) 시가서 4) 선지서이다.

첫 번째 **율법서**는 모세오경을 가리키는데 창세기부터 신명기까지를 포함한다. 이 모세5경은 천지창조, 인간의 타락, 구원의 약속 등을 다루었다. 하나님께서는 이런 약속을 이행하기 위하여 소수의 사람들을 택하여 히브리 민족을 일으키셨는데 바로 이 민족을 통하여 인류의 구세주이신 예수 그리스도가 오신 것이다. 그 밖에도 모세오경은 히브리

민족의 실패와, 생활규범인 율법과 율례 등을 말해 주고 있다.

두 번째로 **역사서**인데 여호수아부터 에스더까지를 포함한다. 이 역사서는 주로 이스라엘 백성의 정치적 분란과 포로생활을 다루고 있다.

세 번째로 **시가서**인데 욥기부터 아가서까지를 포함한다. 주 내용은 이스라엘 백성의 영적생활의 비밀들을 알 수 있고 또 인간이 어떻게 거룩하신 하나님과 교제할 수 있는가를 이해하는데 도움이 된다.

네 번째로 **선지서**인데 대선지서와 소선지서로 구분된다. 대선지서는 이사야부터 다니엘까지를 포함하고 소선지서는 호세아부터 말라기까지이다. 이 선지서들은 유대인의 역사상 가장 어두웠던 때에 하나님께서 선지자들을 불러서 인간의 죄와 회개치 않는 고집을 파헤치고 하나님의 끈질긴 사랑과 인내를 묘사하는 책들이다.

다음으로 신약도 4가지 카테고리로 구분된다.

첫째로 **복음서**인데 흔히 4복음서라고 불린다. 마태복음부터 요한복음까지를 포함하는데 그 내용은 주로 예수 그리스도의 생애를 목격한 자들이 주님의 탄생과 사역과 교훈과 죽으심과 부활하심을 자세하게 다룬 것이다.

두 번째로 <u>역사서</u>로써 사도행전을 말한다. 주 내용은 성령께서 사도들을 통하여 그리스도의 부활의 복음을 증거하시며 역사하신 내용을 수록한 초대교회의 역사이다.

세 번째로 <u>서신들</u>인데 여기에는 바울서신과 일반서신으로 구분이 된다. 바울서신은 로마서부터 히브리서를 그리고 일반서신은 야고보서부터 유다서까지인데 총 21개 서신은 복음에 대한 총 정리서이다. 여기에는 기본적인 교리들과 생활지침들이 기록되어 있다.

네 번째로 <u>예언서</u>인데 요한계시록을 말한다. 이 책은 사도 요한이 지은 것으로 말세의 마지막 사건에 대한 예언이며 예수 그리스도의 영광과 능력을 동시에 다루고 있다.

성경 말씀은 영혼의 양식이다. 우리가 거듭나는 순간 우리에게 새로운 영적 생명이 주어진다. 이 생명은 오직 영적 양식인 성경 말씀을 먹어야만 연명될 수 있다. 육신의 양식을 규칙적으로 먹어야 살 수 있는 것처럼 이 영적 양식도 규칙적으로 먹어야 된다.(벧전 2:2) 성경 말씀에는 하나님의 뜻과 지혜가 담겨 있으므로 우리가 그 말씀을 따라 살 때에 교훈을 받으며 잘못된 것에 대하여 책망도 받게 된다. 그리하여 참된 신앙교육의 지침서가 이 성경에 담겨져 있다. 그러므로 우리는 성경 말씀을 공부하여 선한 일을 힘쓰는 하나님의 사람으로 성장해 나가야 한다. (딤후 3:15,16)

성경은 우리의 영적 일용양식으로 대개 개인 경건의 시간 중에 먹는 것이 가장 효과가 있다. 그리스도인들은 이것을 통하여 그날그날의 힘을 공급받는 것이다. 이 시간에는 주로 하나님과 대화하는 수단으로 성경이 사용된다. 이 시간은 또한 하나님과 면담하는 시간이기도 하다.

성경을 읽을 때는 하나님의 말씀임을 확신하고 경외하는 태도를 가져야 한다. (잠 1:6,7) 성경을 읽을 때는 기도하는 태도로 성령님께 알려 달라고 부탁드려야 한다. (벧후 1:19-21 요 14:26) 성경을 규칙적이고 조직적으로 읽어야 한다. 너무 무질서하게 하면 얼마 안 가서 싫증이 나게 된다. 그래서 성경 이외에 간단한 성경 공부 교재를 사용하는 것도 많은 도움이 되기도 한다.

성경을 읽는 것은 깨닫기 위하여 공부하는 것이 아니라 하나님과 만나기 위하여 해야 한다. 성경 읽은 것을 다시 묵상하는 것은 대단히 중요하다. 묵상이 없이는 결코 하나님의 말씀이 내 속에 오래 남아 있을 수 없고 내 속에 말씀이 거하지 않으면 나는 약할 수밖에 없다.

다음으로 성경을 읽은 후에 그 성경이 내게 알려 주시는 것들을 순종해야 된다. 순종함이 없이는 신앙이 성장하지 않는다. 성경에는 죄, 타락, 인간, 은혜, 보혈, 구원, 성결, 칭의, 재림, 부활 등 여러 가지 주제들이 있는데 이것들을 잘 구별해 정리해 두는 것도 많은 도움이 된다.

성경에는 약 2,930명의 인물들이 등장하고 이들의 생활과 하나님과의 관계와 실패 등이 묘사되어 있으므로 이것들을 잘 읽어서 소화하면 영적 성장에 많은 도움이 된다.

구원받은 자의 경건한 삶

제3장 구원받은 자의 경건한 삶

구원받은 사람들은 생활이 변화되어 경건의 삶을 추구하게 된다. 구원받은 사람들은 구원의 길을 열어 주신 하나님께 경배하는 시간을 먼저 갖게 된다. 교회나 가정이나 직장이나 혹은 개인은 경건의 시간을 중요시 여기게 된다.

경건의 시간 즉 예배의 종류는 여러 가지 있겠지만 무엇보다도 개인 경건의 시간은 더욱 소중하다. 개인 경건의 시간이라는 것은 한 그리스도인이 하나님께 예배드릴 목적으로 따로 조용히 시간을 내어 하나님을 만나는 것이다. 많은 그리스도인들이 공통적으로 느끼고 경험하는 것은 예수님을 믿은 후 개인 경건의 시간을 가지지 않고 수년 동안 생활하다가 스스로 그 필요성을 느끼고 결국 내가 주님과 이런 시간을 갖지 않고서는 정상적인 신앙생활을 못하겠구나 하고 깨닫는 경우이다. 그러므로 처음부터 말씀과 기도로 개인 경건의 시간을 가짐으로 매일 하나님과 교제를 나누고 예배드림으로써 성공적인 신앙생활을 하는 것이 구원받은 자의 도리인 것이다.

개인 경건의 시간의 필수적인 조건은 성경 말씀을 통하여 하나님께서 내게 개인적으로 말씀해 주시는 것을 듣는 것과 그 다음 우리가 기도로 하나님께 말씀드리는 것이다. 이 두 가지 요소가 조화를 이룰 때 하나님과 나와의 대화가 이루어지는 것이다.

우선적으로 영혼의 양식인 성경 말씀은 우리 영혼을 새롭게 한다. 성경 말씀은 우리의 믿음을 자라게 해 준다. 육신이 영양분 있는 양식을 골고루 섭취할 때 잘 자랄 수 있듯이 영혼도 내가 하나님의 말씀을 정규적으로 읽을 때 자라고 윤택하게 성장할 수 있다. 미국의 유명한 전도자인 무디(D L Moody) 선생은 믿음이 번개처럼 갑자기 자기에게 일어날 줄 알았는데 그것은 헛수고인 줄 깨닫고 어느 날 로마서 10:17을 읽는 가운데 "믿음은 들음에서 나며 들음은 그리스도의 믿음으로 말미암았느니라"는 말씀에 깊이 깨달아 그에게 새로운 생애가 전개되었다고 고백했다. 무디 선생은 말씀을 읽으면서 신앙생활이 달라졌고 또 말씀을 깨달은 후에 계속하여 정규적으로 말씀을 읽는 가운데 믿음이 성장했다고 고백하였다.

성경 말씀은 또한 우리 영혼을 건강하게 만들어 준다. 사도 바울은 고린도라는 도시에서 전도하다가 많은 어려움과 고생을 당했다. 그때 사도 바울이 말씀을 묵상하는 가운데 하나님께서 환상 가운데 나타나서 "두려워하지 말라 잠잠하지 말고 말하라 내가 너와 함께 있으매 아무 사람도 너를 대적하지 못하리라"고 말씀하셨다. 다시 말해서 잠잠하지 말고 용기를 내어 말씀을 전하라고 하나님이 바울에게 용기를 주셨다. 결국 사도 바울은 새로운 힘을 얻고 담대함을 가지고 그가 해야 할 모든 사역을 잘 마칠 수가 있었다.(행 18:9-10 참조) 우리도 매일 말씀을 통해 새로운 힘을 공급받아 살아가야 한다.

성경 말씀을 읽을 때 더럽혀졌던 우리의 영혼이 깨끗함을 입게 된다. 비록 말씀을 읽을 때 내게 직접적인 깨달음이 오지 않는다 해도 이 성경 말씀은 이미 내 안에서 나의 영혼을 깨끗하게 하는 일을 계속해서 하고 있다는 사실을 잊어서는 안 된다. 콩나물이 자라는 것을 상상해 보라. 콩나물은 물을 별로 먹는 것 같지 않는데 계속 물을 부어 주면 어느새 싱싱한 콩나물이 자라 있는 것을 보게 되는 것과 마찬가지이다.

더 나아가서 성경 말씀은 우리 영혼이 열매를 맺게 해 준다. 성경 말씀을 깊이 묵상하고 있을 때 우리 영혼은 열매를 맺게 된다. 성경 말씀은 전도의 열매, 성령의 아홉 가지 열매 그 밖에도 여러 가지 선행의 열매들을 맺으며 살게 해 준다.

마지막으로 성경 말씀은 우리의 영혼의 갈 길을 인도해 준다. 그래서 시편 기자는 성경 말씀을 "내 발에 등이오 내 길에 빛이니이다."라고 말했다. 매일 매일 조심스럽게 이 말씀을 읽는 사람들은 자기가 어떻게 생활해야 할지 알게 된다.

무엇보다도 내 개인 경건의 시간을 가지며 하나님이 내게 주시는 메시지가 무엇인가를 올바로 깨닫는 것이 중요하다. 그리고 말씀을 급히 읽는데서 그치지 말고 조용히 듣는 시간을 가져야 한다. 우리의 마음을 잠잠히 하고 하나님이 내게 이야기하실 수 있는 기회도 드려야 한다. 무조건 나만 이야기하기보다는 하나님께서 내 마음속에 조용히 떠오르게 하는 그런 이야기들이 있는데 그런 것을 들을 수 있어야 한다. 다시 말해서 QT(Quiet Time)가 필요하다.

끝으로 경건의 시간을 위해서는 무조건 시간과 장소를 미리 정해 두는 것이 도움이 된다. 경건의 시간을 갖기 전에 하나님과 만날 것을 기대하는 준비가 필요하다.

하나님의 자녀와 성령

제4장 하나님의 자녀와 성령

그리스도의 공로로 하나님의 자녀가 된 크리스천들은 영적으로 성장하기 위해서 매일 매일 성경을 읽고 기도하며 경건한 생활을 하려고 노력한다. 그런데 이 경건한 생활을 주관하는 원동력이 바로 성령의 역할인 것을 깨달아야 한다.

그러면 성령은 어떤 분이시며 하나님의 자녀들은 성령을 통하여 어떻게 양육을 받는가?

성령은 어떤 막연한 영적 영향력이나 비인격적인 힘이 아니라 완전한 감정(엡 4:30 슬퍼하실 있음)과 지식(요 14: 26)과 의지(고전 12:11)를 갖추신 인격체이시다. 동시에 그는 모든 면에 있어서 하나님 아버지와 그 아들 예수 그리스도와 동등한 하나님이시다. 그렇기 때문에 우리는 매 순간 성령과 함께 인격적인 교제를 나누고 그의 능력에 의지한다.

성령이 이 세상에 오신 궁극적인 목적은 자신을 높이기 위함이 아니라 예수님의 영광을 따라서 나타내고 예수님 안에 있는 영적 자원을 우리에게 알려주시기 위한 것이다.(요 16:14 참조) 따라서 우리가 성령의 지배를 많이 받으면 받을수록 우리는 예수님의 사랑과 임재하심을 더욱 더 누리게 되어 예수님이 주시는 영적 자원을 더욱 더 자유롭게 사용할 수 있게 된다. 죄인들의 죄를 깨닫게 하시는 것(요 16:18), 믿는 자로 하여금 의롭다 함을 얻게 하시는 것(고전 6:11), 주님을 영접하는 자에게 영생을 얻고 자녀되게 하시는 것(요 1:12,13 요 3:16) 등 이 모든 것은 성령이 하시는 일이다. 성령은 모든 그리스도인 안에 거하신다.

사도행전 2:38절에 회개하고 주 예수님을 믿는 자는 "성령을 선물로 받으리니"라고 약속했다. 그리고 우리가 하나님의 성전인 것과 하나님의 성령이 우리 안에 거하신다고 하였다.(고전 3:16 고전 6:19 참조) 또 누구든지 그리스도의 영(성령)이 없으면 그리스도의 사람이 아니라고 했는데, 이를 바꾸어 말하면 모든 구원받은 사람들 속에는 성령께서 반드시 계신다는 말이다.(롬 8:9)

크리스천들은 성령께서 우리 마음에도 내주하고 계심을 알 수 있고 또한 우리에게 때때로 일어나는 기적들을 성령의 내적 증거를 통하여 이를 알 수 있다.(롬 8:16) 성령 충만을 받은 사람들의 생활 가운데서는 앞에서 지적한 것처럼 성령의 9가지 열매가 나타난다. 뿐만 아니라 자기가 현재 하나님의 뜻 가운데 하고 있는 일을 효과적으로 할 수 있는 능력을 받게 된다.(행 1:8) 주님을 부인하던 베드로는 성령 충만을 받은 후 담대하게 복음을 외쳤고 수많은 결실을 얻었다. 스데반은 성령이 충만하여 순교하는 데까지 갈 수 있었다. 요한은 성령이 충만하였을 때 사랑의 사도가 되었다. 그 밖에도 요한 웨슬리, 허드슨 테일러, 조지 휫필드, 무디와 기타 다른 수많은 기독교 지도자들이 성령의 충만함을 받아 풍성한 삶을 살며 자기에게 주어진 사역을 능력 있게 행한 것을 볼 수 있다. 그들은 한결같이 자기 고집과 교만과 자존심과 으뜸이 되려는 마음과 질투심과 불신과 세상을 사랑하는 마음 등을 십자가에 못 박고 그들의 생활 가운데서 오직 그리스도만 나타낸 사람들이다.

지금도 하나님께서는 우리에게도 성령의 충만함을 받으라고 명령하고 계신다.(엡 5:18) 이는 모든 그리스도인들이 마땅히 누려야 되는 특권이다. 우리가 성령 충만을 받는다고 해서 갑자기 베드로처럼 된다는 것은 결코 아니다.

그럼 어떻게 하면 성령 충만을 받을 수 있을까?,

우선적으로 성령 충만에 대한 갈급함이 있어야 한다. 즉 목마름이다. "의에 주리고 목마른 자는 복이 있나니 저희가 배부를 것임이요"(마 5:6) "누구든지 목마르거든 내게로 와서 마시라"(요 7:37) "하나님이여 사슴이 시냇물을 찾기에 갈급함같이 내 영혼이 주를 찾기에 급하나이다."(시 42:1) 이와 같은 목마름은 결코 욕심으로 되는 것이 아니라 주님과 더 깊이 교제하며 사랑하고 싶은 깨끗한 열정으로 되며 종종 큰 희생을 요구하기도 한다.

다음으로 자신을 온전히 거룩한 산 제사로 드려야 한다. 그리고 우리 생활 가운데 죄로 여겨지는 모든 것으로부터 떠나야 한다. 아무리 작은 죄라도 마음속에 품고 있으면 우리는 결코 성령의 충만함을 받을 수 없다. 그렇기 때문에 죄는 지체 말고 자백해야 된다.(요일 1:9)

마지막으로 믿음을 요구한다. 성령의 충만함을 받는 것은 어떤 기계적이고 공식적인 것은 아니다. 동시에 그것은 어떤 감정적인 격동을 겪어야만 된다고 주장해도 안 된다. 누구든지 갈급함이 있고 자신을 하나님께 기뻐하시는 산 제사로 드리고 모든 죄로부터 떠난 상태에서 믿음으로 구하면 주님께서 충만케 해 주실 것이다. 더욱 중요한 것은 이미 성령께서 충만케 해 주신 것을 믿어야 하는 것이다.

아담과 그리스도

제5장 아담과 그리스도

　구원을 받기 전에는 죄를 지은 아담의 후손으로 존재하였으나 구원을 받은 이후는 아담 안에 속하지 않고 그리스도께서 내 안에 거하시게 된다. 아담이 범죄함으로 그의 후손인 우리도 범죄한 후손으로 남게 되었다. 로마서 5:12절에 아담이 범죄했을 때 우리들도 범죄했다고 기록되어 있다. 아담 안에 있을 때 우리는 죄와 허물로 말미암아 영적으로 죽어 있었다. (에배소서 2:1-3 참조)

　그러나 하나님은 아담 안에 갇혀 있던 우리를 구원하시기 위하여 예수 그리스도께서 십자가에 보혈을 흘리시므로 우리의 모든 죄의 값을 지불하시고(히브리서 9:12,22) 우리를 그리스도 안으로 옮겨 주신 것이다. 즉 그리스도께서 십자가에 죽으셨을 때 우리도 함께 죽었고, 주님께서 장사 지낸 바 되었을 때 우리도 함께 장사 지낸 바 되었고, 주님께서 다시 사셨을 때 우리도 그리스도 안에서 다시 살게 된 것이다.(롬

6: 3,4 골 2:12-14 고후 5:17) 이것은 우리가 죄를 회개하고 주님을 마음속에 영접하는 순간 일어나는 것으로서, 우리는 바로 그 순간 아담 안에서 그리스도 안으로 옮겨진 것이다. 그리고 아담 안에 있는 자들에게 필연적으로 미치는 심판과 정죄와 엄한 형벌(계 21:8)은 그리스도 안에 들어오게 됨으로 다 사라지고 그 대신 평안과 죄 사함과 영생(요 5:24 빌 3:20)을 누리게 되었다.(롬 5:18, 19)

그리스도께서 "너희가 내 안에, 내가 너희 안에 있는 것을 너희가 알리라." "볼찌어다 내가 문 밖에 서서 두드리노니 누구든지 내 음성을 듣고 문을 열면 내가 그에게로 들어가 그로 더불어 먹고 그는 나로 더불어 먹으리라."(계 3:20)라고 말씀하셨다. "내가 그리스도와 함께 십자가에 못 박혔나니 이제는 내가 산 것이 아니요 오직 내 안에 그리스도께서 사신 것이라."라고 사도바울은 갈라디아 교인들에 권면하였다.(갈 2:20)

구원받은 사람들은 이제는 아담 안에서 그리스도 안으로 옮겨진 사람들로써 그들의 마음속에 이미 그리스도께서 친히 들어오서서 거하고 계심을 알 수 있다. 얼마나 신기한 일인가? 믿음으로 아담 안에서 그리스도 안으로 옮김으로써 우리의 모든 죄의 기록들이 말소되고 천국으로 들어갈 수 있는 모든 법적 수속이 완료되었을 뿐만 아니라(고후

5:17) 이제부터는 그리스도께서 직접 내 안에 살아 계심으로 그가 친히 나를 위하여 그리스도인의 생활을 해 주신다.

그러므로 그리스도인들의 생활은 그리스도께서 우리 안에 들어 오셔서 우리와 함께 살아가시는 생활이다. 우리는 더 이상 우리의 힘만으로 그리스도인의 생활을 하려고 발버둥치지 않고 매 순간 우리 안에 살아 계신 주님을 의뢰하고 그가 약속하신대로 하실 것만을 믿으며, 순종하는 생활을 하게 될 것이다. 하나님께서는 이런 그리스도인의 생활(내 속에서 그리스도께서 나와 함께 사시는 생활)을 보시고 만족해하실 것이다. 바울은 이 사실을 갈라디아서 3장 11절에서 "이는 의인이 믿음으로 살리라 하였음이니라"고 말하고 있다.

이제는 그리스도 자신이 "우리의 생명"(골 3:4)이시다. 그리고 "아버지께서는 모든 충만으로 예수 안에 육체로"(골 1:19) 거하신다. 우리도 역시 그 안에서 충만(온전)하여진 것이다.(골 2:10) 따라서 우리 안에 계신 그리스도는 우리의 영원한 소망이신 것이다.(골 1:27) 또 그리스도 안에 모든 지혜와 지식의 보화가 감춰져 있다.

중국복음의 선구자로 유명한 허드슨 테일러(Hudson Taylor : 1832-1905)는 구원받는 순간부터 자기 속에 내주하고 계신 그리스도를 깨달지 못하고 모든 것을 자기 힘만으로 하려고 산더미 같은 짐에 억눌려 패배하고 지쳐 있었다. 그러던 어느 날 그의 동료 선교사로부터 편지를 받고 완전히 새사람이 되었다. 그는 다음과 같이 자기 체험을 말하고 있다.

"나의 영혼의 괴로움이 거의 절정에 도달했을 때 매카디로부터 온 편지의 한 구절은 나의 눈에 있는 비늘을 벗기어 주었고, 이로써 성령께서는 나와 그리스도가 어떻게 연합되어 있는가를 역력히 보여 주셨으며 이것이야말로 과거에 내가 깨닫지 못했던 점이었습니다. 나처럼 많은 실패를 거듭한 바 있으나, 이 빛을 먼저 본 매카디는 나에게 이렇게 썼습니다. '어떻게 우리 믿음을 굳건히 할 수 있느냐고요? 그것은 믿음을 구하려고 애씀으로 되는 것이 아니라, 단순히 미쁘신 분이신 예수님 안에 쉼으로써 되는 것입니다.' 이 구절을 읽었을 때 나는 모든 것을 깨달을 수가 있었습니다. '우리는 미쁨이 없을지라도 주는 일향 미쁘시니' 나는 예수님께서 '너희를 결코 떠나지 아니하리라' 하신 말씀의 의미를 알게 되었습니다. 이 사실을 깨닫는 순간 나는 말할 수 없는 기쁨으로 충만했습니다. '그렇구나, 여기 쉼이 있구나'라고 나는 생각했습니다. 나는 그 안에서 쉬려고 온갖 노력을 했으나 실패했습니다. 그러나 이제는 더 이상 애쓰지 않고 과연 너희를 버리지 아니하고 과연 너희를 떠나지 아니 하리라고 약속하신 분 안에서 쉬었습니다."

기독교 연합선교회(C&MA) 창시자인 A. B. Simpson(1843-1919) 목사는 다음과 같은 시를 써서 자기의 신앙을 고백하였다.

한때 나는 축복을 구했으나, 이제 나는 주님 자신을 구합니다.
한때 나는 은사를 구했으나, 이제 나는 은사를 주신 분인 주님을 구합니다.
한때 나는 병고침을 원했으나, 이제는 나는 주님만을 찾습니다.
한때 나는 능력을 구했으나, 이제 나는 능력 있는 분인 주님을 모시기 원합니다.

주님께서는 자기를 희생시키어 우리를 죄로부터 구속하셨다. 주님은 우리를 아담 안에서 그리스도 안으로 영원히 옮기셨을 뿐만 아니라, 친히 우리 안에 들어오셔서 영원히 사시므로 그리스도인의 생활을 잘할 수 있도록 힘주신다.

사탄의 유혹과 시험

제6장 사탄의 유혹과 시험

예수 그리스도를 나의 구주로 영접하여 구원을 받고 성경 말씀과 기도를 통하여 하나님과 교제하고 신앙생활을 잘하고 있다고 생각이 들지만 이것은 시작일 뿐이다. 우리 조상인 아담과 이브도 본래 선하게 태어났지만 결국 사탄의 유혹에 넘어져 죄를 짓고 말았다. 하나님의 아들이시며 구세주이신 예수 그리스도도 광야에서 사탄에게 시험을 받았으나 생명의 말씀으로 사탄을 물리치셨다. 하나님의 자녀인 우리들도 매일 사탄의 유혹을 받으며 신앙생활을 하고 있다. 우리들의 신앙이 깊어질수록 사탄은 여러 방법으로, 더 강하게 우리를 유혹하려 든다.

우리의 신앙생활에서 두 가지 세력이 늘 대립하고 있는데 곧 하나님의 세력과 사탄의 세력이다. 물론 하나님의 세력과 사탄의 세력은 서로 비교도 되지 않는다. 우리가 구원받기 전에는 주로 사탄의 세력에 영향을 받으며 살아왔다.(엡 2:2-3) 그러나 그리스도의 피로 말미암아 구속 곧 죄 사함을 받음(엡1:7)으로 흑암의 권세(사탄의 속박)에서 벗어나게 되었다.(골 1:13) 그래서 우리 싸움의 최종 승부는 이미 판가름 난 것이나 다름이 없다.(롬 8:33-39 참조) 그러나 이 세상은 아직도 제한적이나마 사탄의 지배 아래 있기 때문에 우리가 이 세상에 사는 동안에는 끊임없이 사탄과 싸움하게 마련이다.

베드로는 "근신하라 깨어라 너희 대적 마귀가 우는 사자같이 두루 다니며 삼킬 자를 찾나니 너희는 믿음을 굳게 하여 저를 대적하라"(벧전 5:8-9)라고 경고하였다.

사탄의 전략(詭計 궤계)을 보면 다음과 같다. 지금까지 자기 정체를 숨기고 영혼들을 괴롭히며 파멸의 도가니로 몰아넣으려고 애를 쓴다. 사탄은 언제든지 먹음직하고 요염하기도 하며 탐스럽기도 한 뇌물을 이용한다.(창 3:6) 현실에서는 경제적인 것으로부터 오는 죄(육신의 정욕)와 정욕으로부터 오는 죄(안목의 정욕)와 세상 명예로부터 오는 죄(이생의 자랑, 요일 2:16)를 미끼로 삼아 우리를 유혹한다.

사탄은 사람들로 하여금 자기를 가장해서 광명의 천사로 믿게 하려 하는데 우리는 사탄의 가장된 모습에 주의해야 한다.(고후 11:14-15) 이렇게 해서 사탄은 우리로 하여금 경각심을 풀게 하며 복음 가운데 나타나는 그리스도의 영광을 보지 못하도록 우리의 마음을 혼비하게 하며(고후 4:4) 의심하게 한다. 그리고 가장 중요한 성경 말씀을 빼앗아 감으로써 구원을 얻지 못하게 하며(눅 8:12), 하나님과 그리스도인, 그리스도인과 그리스도인 사이의 교제를 파괴시키고(잠 6:19) 그리스도인들을 유혹하고 넘어뜨려 죄를 짓게 하며 그들의 비행을 들추어내며 그들이 마귀와 세상의 유혹으로 지은 죄를 정죄(고소)한다.(계 12:10)

위에서 본 바와 같이 사단의 최종적인 목표는 하나님과 영혼들 사이를 영원히 분리시키려는 데 있다. 곧 사탄은 우리로 하여금 어떻게 해서든지 하나님으로부터 떠나게 하려는 것이다. "우리가 그 궤계(사탄의 전략)를 알지 못하는 바가 아니로다." "이는 우리로 사탄에게 속지 않게 하려 함이로다." 하나님께서는 우리에게 감당치 못할 시험은 절대로 주시지 않는다.(고전 10:11) 우리가 당하는 시험 중 주님께서 이미 체험하시지 않은 것이 없기 때문에 항상 우리 처지를 아시고 도우신다.(히 2:18, 4:15-16)

하나님의 자녀들이 사탄의 유혹에 빠져 헤맬 때 하나님께서는 반드시 자기의 형상으로 지으신 우리들에게 피할 길을 예비해 두신다.

요한일서 1장 9절에 우리가 사탄의 유혹에 빠져 죄를 짓고 실패했을 때 하나님은 우리에게 회개할 기회뿐만 아니라 죄를 자복하면 용서해 주시겠다고 약속을 하셨다. 그러므로 우리가 실패했을 때 실패한 것을 하나님 앞에서 솔직히 시인하는 일이 있어야 한다. 죄를 고백할 때 불투명한 태도로 할 것이 아니라 죄를 범한 것이 있으면 하나님께 하나씩, 하나씩 구체적으로 솔직하게 이야기해야 한다.

그뿐 아니라 죄를 자백하면 주님께서 약속을 지키시고 용서해 주실 것이라는 믿음이 절대적으로 필요하다. 그리고 이제 나의 죄가 해결되었으면 여기서 끝났다고 생각하면 잘못된 생각이다. 하나님이 우리에게 요구하시는 것은 이와 같이 실패한 데로부터 나와서 새롭게 되는 생활을 요구하신다. 한걸음 더 나아가서 하나님이 우리에게 요구하시는 것은 사탄의 유혹에서 벗어나 다시는 실패하지 않고 그대로 승리하는 생활을 계속하는 것을 원하는 것이다.

그러면 사탄의 시험을 막는 방법은 무엇인가?

첫째로 성령의 능력으로 이길 수 있다. 그러므로 성령의 능력을 얻기 위해서는 먼저 마음으로부터 성령에 대한 목마름이 필요하다. 예수님께서 말씀하시기를 "누구든지 목마르거든 내게로 와서 마시라"(요

7:37~38)고 했다. 그러므로 내 마음속에 이와 같이 갈급한 마음, 원하는 마음을 주께 아뢰어야 한다. 시편 기자도 그렇기 때문에 "하나님이여 사슴이 시냇물을 찾기에 갈급함같이 영혼이 주를 찾기에 갈급하나이다"라고 했다.

둘째로 성경 말씀이다.(엡 6:17) 사탄은 하나님의 말씀을 의심케 하는 일을 그의 끊임없는 과제로 삼고 있다. 이는 하나님의 말씀이 사탄인 자기를 물리칠 수 있는 가장 무서운 무기임을 너무나 잘 알고 있기 때문이다.(히 4:12) 예수님께서도 이 말씀으로 시험을 물리치셨다.(마 4:4,7,10) 마찬가지로 우리 구원받은 사람들도 조용히 성경 말씀을 펴서 읽으며 사탄의 유혹을 뿌리쳐야 한다. "영접하는 자 곧 그 이름을 믿는 자들에게는 하나님의 자녀가 되는 권세를 주셨으니"(요 1:12)와 "그의 피로 말미암아 구속 곧 죄 사함을 받았느니라."(엡 1:7)

셋째로 주께서는 주님의 보혈로 사탄의 유혹에 빠지지 않도록 능력을 베푸셨다. 예수 그리스도의 수제자 역할을 했던 베드로도 사탄의 유혹에 빠져 주님을 세 번 부인한 때가 있었다. 그러나 후에 베드로도 주님의 보혈로 용서를 받았을 것이다.

우리도 사탄의 유혹을 받았을 때 죄를 자백하고 회개하는 순간 하나님은 우리의 모든 죄를 단번에 깨끗하게 씻어 줄 뿐만 아니라(딛 3:5 엡 1:7) 주님의 보혈은 우리가 회개한 후에 짓는 죄도 계속적으로 깨끗하게 하는 능력을 가지고 있다. 우리가 회개한 후 짓는 죄는 그때그때마다 주님께 자백해야 한다. 사탄은 우리의 자백하지 않은 죄들을 사용하여 정죄할 때가 가장 많지만 그러나 자백하고 주님의 보혈을 의지할 때 우리는 늘 사탄에게 승리하는 생활을 할 수 있다.

다음으로 사탄의 유혹을 이길 수 있는 방법은 구원받은 자들이 주님의 이름으로 함께 모여 예배드리고 교제할 때 그 가운데 아버지와 그 아들 예수님이 함께하시기(요일 1:3) 때문에 사탄과 싸울 수 있는 새 힘을 얻을 수 있게 된다. 또 사탄의 유혹으로 쓰러진 심령은 교제를 통하여 싸매임을 받을 수도 있다.

그 외에도 사탄의 유혹을 뿌리칠 수 있는 방법으로 기도를 들 수 있는데 우리는 주께 계속 기도함으로써 시험을 이기는 힘을 얻고 승리의 생활을 하게 된다.

육신의 소욕과 성령의 소욕

제7장 육신의 소욕과 성령의 소욕

육신의 소욕과 성령의 소욕이라는 말은 교회에서 자주 사용하는 말이다. 흔히 육신을 말할 때 우리의 살과 뼈를 말하는 데 신학적으로 사용되는 육신은 물질적인 것이 아니라 영적으로 사탄의 지배를 받을 가능성이 있는 우리 마음속의 한 영역을 의미한다. 이것은 아담이 범죄했을 때 사람 속에 들어온 죄의 성품(롬 5:12)으로써 우리가 날 때부터 가지고 있는 것이다. 이 성품 때문에 우리도 지금까지 죄를 실제로 짓고 살게 된다.

사도 바울은 이 육신 속에 나타나 있는 죄의 성격을 가진 여러 가지 요소들을 다음과 같이 열거하였다. 육신의 소욕은 "음행과 더러운 것과 호색과 우상숭배와 술수와 원수 맺는 것과 분쟁과 시기와 분냄과 당 짓는 것과 분리함과 이단과 투기와 술취함과 방탕함과 또 그와 같은 것들"(갈 5:19-21)이다.

사탄은 그의 영역이라고 생각하고 있는 이 육신을 통하여 온갖 유혹을 다하고 있음을 우리는 신앙생활을 통해 잘 알고 있다. 예를 들어 우리 마음속에 하나님에 대한 의심이 생겼다고 가정할 때 그것은 분명히 육신의 소욕이라 간주할 수 있다. 마귀가 사용하는 상투적인 수법의 하나는 우리 육신을 격동시켜 의심의 죄나 기타 혼동된 생각들을 우리 속에 넣고 그 결과를 가지고 스스로 정죄하게 하는 일이다. 그래서 신앙이 깊지 않은 크리스천들의 영혼들을 유혹의 대상으로 삼는다.

때로는 우리 육신은 마귀와 합류하여 이런 의심과 혼동을 가져오지만 내 속에 "새사람"은 여기에 현혹되지 않고 하나님의 법을 순종한다.(롬 7:22) 그러므로 예수님 자신이 내 안에 거하시며 나의 의(義)가 되어 주신다는 사실을 기억하면 큰 문제가 되지 않는다(고전 1:30 롬 5:20)고 바울은 강조한다.

그 밖에도 육신의 일은 "정과 욕심"(갈 5:24)과 "헛된 영광을 구하는 것"(갈 5:25)과 "으뜸이 되기를 좋아하는 것"(요3서 9절)은 물론 우리의 이맛살을 찌푸리게 하는 것들, 성급한 것, 거친 것, 시기로 가득한 것, 뽐내고 으스대는 것, 거만한 것, 이기주의적인 것 등도 육신의 소욕으로 생각되고 있다. 더 나아가서 우유부단, 게으름, 고집, 비교하는 것, 열등의식 등도 육신의 소욕의 카테고리에 속한다고 볼 수 있다.

이러한 모든 육신의 소욕은 육체를 신뢰하지 않고 하나님의 성령을 통하여 물리칠 수 있다.(빌 3:3) 구원받은 사람들은 예수 그리스도의 십자가로 말미암아 육신에게서 해방되었다. 주께서 흘리신 보혈로 우리 죄가 흰 눈과 양털처럼 모두 씻겼다.(사 1:18)

그러므로 그리스도 안에서 우리의 육신도 이미 이천년 전에 십자가에 못 박혔나니 "그런 즉 이제는 내가 산 것이 아니요 오직 내 안에 그리스도께서 사신 것이라. 이제 내가 육체 가운데 사는 것은 나를 사랑하사 나를 위하여 자기 몸을 버리신 하나님의 아들을 믿는 믿음 안에서 사는 것이라"(갈 2:20)라고 말하면서 바울은 갈라디아 교인들에게 희망을 불어넣어 주었다.

하나님께서는 "우리 옛사람이 예수와 함께 십자가에 못 박힌 것은 죄의 몸이 멸하여 다시는 우리가 죄에게 종노릇 하지 않도록 만들어 주셨다(롬 6:6)고 바울은 말한다.

바울은 성령께서 이 모든 일을 하실 수 있음을 굳게 믿었다. 그래서 "우리 주 예수 그리스도로 말미암아 하나님께 감사하리로다"라고 환성을 올린 것이다. "그리스도 예수 안에 있는 생명의 성령의 법이 죄와 사망의 법에서 너를 해방하였음이라"(롬 8:2) "율법이 육신으로 말미암아 연약하여 할 수 없는 그것을 하나님은 하시나니"(롬 8:3) "항상 우리를 그리스도 안에서 이기게 하셨다"(고후 2:14)고 바울은 성령의 강한 소욕에 대하여 증거하였다.

그러면 이제는 성령의 법으로 인해 구원받은 자들이 육신의 소욕을 떠나 죄와 상관없이 사는 것이 가능할까 하는 문제가 야기된다. 반드시 그렇지는 않다. 그러나 성령 충만의 삶이 가능하다면 성령의 법이 죄를 이기도록 능력을 주셔서 죄와 분리된 생활을 가능케 한다.

사도 요한은 세상의 임금은 사탄이며(요 16:11), 이런 세상이 주는 육신의 정욕과 안목의 정욕과 이생의 자랑은 모두 하나님과는 상관이 없는 것이라고 선언하고 있다.(요일 2:15-17) 우리도 구원을 받기 전에는 이 세상의 거민이요, 이 세상의 임금인 사탄의 노예였다.(엡 2:1-3) 하지만 '긍휼로 인하여' 주님이 우리를 흑암의 권세에서 건져내사 그의 사랑의 나라로 옮기셨다.(골 1:13) 그러나 우리 속에 아직도 '육신'이라는 사탄의 지배를 받을 수 있는 영역이 남아 있어서 우리를 시시때때로 세상과 교제케 하며 범죄하게 만들고 있다. 죄가 내 속에 들어오는 즉시 성령은 근심하시거나(엡 4:30) 소멸되시므로(살전 5:19-성령이 완전히 떠난다는 뜻이 아님) 우리가 성령이 충만하지 못하게 되어 무기력하고 구원의 기쁨이 없는 생활을 하게 된다.

예수님도 이 세상에 사시면서 항상 죄와 분리된 생활을 하셨다. 그는 실로 세상에 계셨으나, 세상에 속하지 않으셨다.(요 17:14) 또 성령도 우리에게 이런 분리의 생활을 하라고 강력하게 권고하고 있다. "세상과 벗이 되고자 하는 자는 스스로 하나님과 원수되게 하는 것이니라."(약 4:4) "그러므로 주께서 말씀하시기를 너희는 저희 중에서 나와서 따로 있고 부정한 것을 만지지 말라."(고후 6:17)

예수님은 거의 항상 죄인들과 함께 계시며 잡수셨다. 그러나 한 번도 죄를 범하지 않으시고 다만 그들을 회개시킬 목적으로 병자들을 고쳐 주셨고 약한 사람들을 도와주셨고 사랑을 베풀어 주셨다. 우리도 이와 같이 영혼들을 진정으로 사랑하고 섬기는 생활을 계속해야 될 것이다.

그러면 죄와 상관없는 분리된 생활이란 무엇인가? 쉽게 말하면 불신 세계로부터 분리되어야 산다고 하는 것이다.(고후 6:14) '믿지 않는 자와 멍에를 같이 하지 말라'는 말은 불신자들과 도무지 상종하지 말라는 말이 아니다. 우리는 그들에게 계속 영향력을 끼쳐 주님 앞으로 인도해야 하며 이 일을 위하여 예수님이 하신 것 같이 생명까지도 드릴 수 있어야 한다(살전 2:8 고후 12:15 참조)는 것을 말해 주고 있다.

다음으로 구원자들은 나쁜 습관으로부터 분리되어야 한다.(잠 7:21-23) 세상, 노름, 음주, 그 밖에도 모든 어두움 가운데 행하는 나쁜 버릇으로부터 분리되어야 한다. 죄와 분리되는 또 한 가지 방법은 더러운 생각으로부터 분리되는 것이다. 우리의 마음은 원래 하나님의 거룩한 성령님의 처소로서 만들어진 것이다. 그러므로 우리의 마음이 더러운 생각에 사로잡히지 않도록 깨끗하게 간직하도록 해야 할 것이다.

마지막으로 죄와 분리된 생활을 하는 크리스천에게 그리스도께서는 "생명과 풍성한 삶"을 약속하셨다.(요 14:27) "말할 수 없는 영광스러운 즐거움"(벧전 1:8)과 "성령으로 말미암아 하나님의 사랑이 우리 속에 넘치는 것"(롬 5:5)과 "하늘에 속한 모든 신령한 복"(엡 1:3)을 누리게 하셨다. 그뿐만 아니라 "하늘에 있는 영원한 집"(고후 5:1)이 우리에게 있기 때문에 "사방으로 욱여쌈을 당하여도 싸이지 아니하며, 답답한 일을 당하여도 낙심하지 아니하며, 핍박을 받아도 버린 바 되지 아니하며, 거꾸러뜨림을 당하여도 망하지 아니하며"(고후 4:8,9) 심지어는 죽음이 다가와도 두려워하지 않고 오직 소망 가운데 살 수 있게 된다는 것이다. 이것이 바로 죄와 세상과 마귀와 분리하여 그리스도와 연합한 사람들의 신앙생활을 말하는 것이다.

교회 공동체의 역할

제8장 교회 공동체의 역할

구원받은 사람들이 영적으로 성장하는 데 있어서 교회 공동체의 역할은 대단히 중요하다. 한 아이가 태어나서 부모로부터 오랜 기간 동안 양육을 받듯이 구원받은 자들을 양육하고 훈련시키고 하나님의 일을 하는 데까지 성장하도록 도움을 주는 곳이 교회 공동체이다. 교회는 이와 같은 역할을 할 수 있는 하나님의 가장 기본적인 중요한 기관이다. 그러므로 그리스도인은 반드시 한 지역교회에 소속되어야 하며 교회에서 훈련받고 성장할 때 하나님께서 우리를 통하여 많은 것을 이루신다. 불과 120명밖에 안 되는 예루살렘 공동체(교회)를 통하여 결국 세계복음화가 이루어지게 된 것도 이런 이유 때문이다.

교회는 여러 가지가 있는데 그 첫 번째가 우주적인 교회(Universal Church)이다. 이 교회는 세상에 있는 모든 그리스도인들을 말하며 모든 그리스도인들은 여기에 속해 있게 된다. 이를 보이지 않는 교회 또는 그리스도의 몸(고전 12:12 엡 1:22)이라 부르기도 한다.

두 번째로 그리스도인들이 어떤 한 지역에 모여서 예배와 성례집행과 훈련, 교제 등을 하게 되는데 이러한 공동체를 지역교회(Local Church)부른다.

자유주의 신학을 옹호하는 신학자들은 교회의 기능을 성도들이 모여서 교제만 하면 되는 것으로 주장했기 때문에 아무런 조직도 필요 없고 조직을 갖추었을 때는 자유스러운 분위기를 잃어버리게 된다고 말한다. 예를 들면 Quaker 교도 등과 같은 것이다. 그러나 교회 공동체의 역할을 하기 위해서는 교회 조직이 필수적이다. 교회는 조직이 필요하고 조직 내에 여러 가지 규율이 있고 또 그 가운데 지도자들이 있고 그들의 권고와 다스림을 통하여 교인들은 신앙적으로 성장하게 된다.

교회는 또한 가르침과 훈련의 장소이다. 예수님께서 공생애 동안 천국복음 선포와 가르치심을 동시에 하신 것처럼 지역교회도 바로 이런 훈련과 가르침을 여러 모양으로 담당하는 기관이다. 교회를 중심으로 가정예배, 구역예배, 성경 공부모임 등의 소규모 모임들을 통해서 가르침과 훈련을 받게 된다. 우리는 그곳에서 진리를 구체적으로 배우고 실천하는 연습을 할 수 있는데, 이것을 훈련이라고 한다. 이러한 훈련 이야말로 인내를 요구하며 또 반복을 요구하게 된다. 가르침과 훈련, 이런 것들이 없을 때 우리의 신앙은 제대로 성장하지 못한다.

기독교 초기의 초대교회를 보면 교인들은 소규모로 모여서 성경 공부, 성도간의 교제(Koinonia), 그리고 기도하는 것 등 신앙생활에 많은 도움이 된 것을 알 수 있다. 다시 말해서 초대교회의 특징은 가르침과 훈련이라는 것을 알 수 있다. 그러므로 초대교회는 폭발적으로 신앙이 성장하게 되었다.

교회는 구원받은 사람들이 모이는 장소이다. 물론 그중에는 믿지 않는 사람도 있다. 그러나 성도들이 모여서 마음속 깊은 것을 서로 나누며 슬픔과 기쁨을 함께 나누고 짐을 같이 질 때 주님이 우리와 함께 계시다는 것을 아주 깊이 인식하게 된다. 주님께서는 마태복음 18장 20절에서 "두세 사람이 내 이름으로 모인 곳에는 나도 그들 중에 있으리라"고 약속하셨다. 우리는 교회 생활의 이러한 부분을 가리켜 '교제' 곧 '코이노니아'(Koinonia)라고 한다. 이런 교제가 강한 곳에는 심령들이 성장하게 되며, 서로 격려하고 피차 세워 주고 서로 기쁨과 슬픔과 무거운 짐을 나누어 지는 일이 일어나는 것을 볼 수 있다.

교회의 역할 중 가장 중요한 것은 예배이다. 교회는 개인, 가족, 그룹, 내지는 전체가 모여 예배드리기에 가장 적합한 곳이다. 우리는 예배를 통해 하나님의 특별한 은혜를 경험할 수 있으므로 예배드리는 것이 대단히 중요하다.

제9장

하나님과의 대화

제9장 하나님과의 대화

일상생활에서 우리 육체가 호흡이 끊어지면 죽듯이 영적생활에서도 하나님과의 대화가 끊어지면 불안해져서 하루도 온전한 삶을 영유할 수 없다. 하나님과의 대화는 기도와 말씀 묵상으로 이루어진다.

그러므로 크리스천들은 기도를 통하여 우리 사정을 하나님께 아뢰게 된다. 즉, 하나님과의 대화의 통로가 바로 기도이다. 어거스틴은 "기도는 하나님과 우리가 갖는 대화"라고 말했다. 기도는 하나님과의 인격적인 교제요, 하나님의 자녀만이 갖는 특권이며, 성경과 더불어 그리스도인들에게 주어진 가장 커다란 무기이며, 하나님과의 연합을 실제적으로 체험하는 수단이기도 하다.

기도는 또 영혼의 호흡이다. 우리 육신이 산소를 공급받고 탄산가스를 내뿜어야 생존하고 성장할 수 있는 것처럼, 영혼도 기도로 죄를 즉

시 자백하고 그리스도와 교제함으로 새로운 힘을 공급받아 생존하고 성장할 수 있다.

기도를 통하여 우리의 영혼과 하나님의 영과의 실제적인 접촉이 이루어짐으로써 하나님과의 교제가 일어나며 이로써 하나님의 임재하심을 느끼게 된다. 그리고 기도를 통하여 하나님의 뜻을 깨닫고 우리가 살아나가는 데에 필요한 영적 힘을 공급받기 때문에 기도는 개인 경건의 시간을 갖는 데에 없어서는 안 되는 중요한 요소이다.

왜 크리스천들이 기도를 통해 하나님과 대화를 해야 하나? 그 이유는 주께서 우리에게 기도하라고 명령하셨기 때문이다. "쉬지 말고 기도하라"(살전 5:17) "항상 기도하고 낙망하지 말아야 할 것"(눅 18:1)도 말씀하셨다. 그래서 우리는 기도를 하되 쉬지 말고 기도해야 된다.

크리스천들은 기도함으로써 새 힘을 얻게 된다. "오직 여호와를 앙망하는 자는 새 힘을 얻으리니 독수리가 날개 치며 올라감 같을 것이요 달음질하여도 곤비치 아니하겠고 걸어가도 피곤치 아니하리라."(사 40:31) 여기서 '앙망'한다는 것은 '기다린다' 혹은 '우러러 바라본다'는 뜻이며 우리가 기도를 통하여 주님을 믿음의 눈으로 바라볼 때 새로운 힘을 얻게 된다는 것이다. 크리스천들은 기도를 통해 불가능한 일을

가능하게 만들 수 있다.(막 12:22-24 약 5:15-18 참조)

하나님과의 대화를 위해 기도하되 기도는 창조주 아버지께 하는 것이다. 즉 기도를 드리는 대상은 아버지라는 것이다. 요한복음 16장 23-24절을 보면 "아버지께" 구하라고 말씀하신 것을 볼 수 있고, 마태복음 6장 9절을 보아도 이를 알 수 있다. 그리고 "내 이름"(예수 이름)으로 기도하라고 하셨는데 이는 기도 마지막에 "예수님의 공로와 그의 뜻을 의지한다"는 뜻으로 그의 이름으로 기도를 마치는 것을 말한다.

그런데 여기서 우리가 조심할 것은 형식적인 말만 붙이고 이 말의 진정한 의미를 잊어서는 안 된다는 것이다. 우리는 예수님의 공로가 아니면 절대로 거룩하신 아버지 앞에 기도로 나아갈 수가 없다. 오직 그의 긍휼하심을 좇아 죄 사함을 얻고 아들의 명분을 얻었기 때문에 나아갈 수 있음을 깊이 명심해야 되겠고 이 말을 할 때마다 우리는 이 은혜의 사실을 망각해서는 안 된다. 기도 끝에 붙이는 "아멘"은 "주님의 뜻대로 되어지이다"라는 의미이다.

기도에서 중요한 것은 먼저 감사와 찬양이 있어야 한다. 우리가 구원받은 사실을 생각할 때 이런 감사와 찬양이 나오지 않을 수가 없다. 기도에서는 죄에 대한 자백이 우선이다. 우리 속에 스며들어 있는 죄를 먼저 자백해야 된다.(시 66:18 막11:25-26) 기도를 할 때 가능한 한 구체적으로 구하는 것이 있어야 한다. 영적인 것과 육신적(일상생활에 필요한 것)인 것을 위하여 기도해야 된다. 주님께서는 우리 전 인격을 사랑하시며 관심을 갖고 계신다.(고후 1:11 약 5:16 딤전 1:1,2 엡 6:18-20 빌4:6 눅 11:13 참조)

기도는 성경 내용을 가지고 하는 것이 좋을 때가 있다. 기도는 대개 성경을 읽은 후 하는 것이 효과적이다. (특히 개인 경건의 시간을 가질 때) 우리가 성경에서 읽은 사실에 대하여 주님께 여쭈어 보고, 또 우리에게 깨닫게 하여 주실 때까지 조용히 엎드려 기다리기도 하며, 어떤 약속을 주셨을 때에는 그것으로 인해 감사하고, 묵상한 후 주님께 다시 아뢰며 재확인하는 것이 퍽 유익하다.

그러면 크리스천들은 어떠한 태도로 기도를 해야 하나? 가장 중요한 것은 하나님의 뜻대로 기도하는 것이다.(요일 5:14,15) 내가 원하는 기도 또는 나의 기도 제목이 하나님 뜻에 맞는가 하는 것이 중요하다. 물론 크리스천들이 원하는 대로 기도가 꼭 이루어지는 것은 아니다. 크리스천들의 기도 제목이 상달될 수도 있고 또는 이루어지지 않을 수도 있다. 기도의 결과가 어떻게 나오든지간에 순종하는 태도로 받아들여야 한다.

다음으로 중요한 것은 기도는 믿음을 가지고 해야 한다.(히 11:6) 오직 믿음으로 구하고 조금도 의심하지 말아야 한다.(약 1:6) 의심이 포함된 기도는 부정적인 요소를 가지고 있기 때문에 상달될 가능성이 적고 반대로 긍정적인 기도는 확신이 서 있기 때문에 도움이 된다.

기도할 때 믿음을 가지고 하되 성령의 도움이 없이는 기도할 수 없다.(엡 6:18 유 20) 성령께서는 우리가 기도하는 것을 도와주신다. "이와 같이 성령도 우리 연약함을 도우시나니 우리는 마땅히 기도할 바를 알지 못하나 오직 성령이 말할 수 없는 탄식으로 우리를 위하여 친히 간구하시느니라."(롬 8:26)라고 바울은 로마교인들에게 권면을 하였다.

한 가지 빼놓을 수 없는 것은 기도할 때 열심과 인내를 가지고 계속적으로 기도해야 한다. 이 말은 마음으로 온전히 참되고 지속적인 기도를 하라는 뜻이다. 주님께서는 특히 십자가를 지시기 전에 겟세마네 동산에서 기도하실 때에 인내를 가지고 말할 수 없는 영적 싸움을 하신 것을 볼 수 있다. "예수께서 힘쓰고 애써 더욱 간절히 기도하시니 땀이 땅에 떨어지는 핏방울같이 되더라."(눅 22:44) 크리스천들도 투쟁을 하듯이 기도하고 도중에 끝내지 말고 받을 때까지 혹은 이길 때까지 계속 기도해야 한다. 예수님도 세 번씩이나 똑같은 것을 놓고 기도하셨다.(마 26:44)

한 가지 주의할 것은 누구에게 자랑하듯이 외적으로 과시하지 말고 기도해야 한다(마 6:5,6 참조)는 것이다. 참된 기도는 외적인 과시가 아니라 하나님께 호소하는 것이다. 기도에 자기를 나타내는 것이 아니라 하나님께 영광을 돌리는 것이다

그리스도인들은 누구나 예외 없이 기도를 한 다음 응답을 안타깝게 기다린다. 그런데 기도의 응답은 대개 세 가지로 나누어져 이루어진다고 본다. 응답된 기도, 응답받지 못한 기도, 장차 이루어 질 것으로 기대하고 기다리는 기도 등이다. 기도의 결과가 셋 중에 어떤 것이든 응답을 받은 것으로 생각해야 한다. 그러나 때로는 하나님께서 전혀 무응답하시는 경우가 있는데 그것은 아마도 다음과 같은 이유 때문일 것으로 생각된다.

우선적으로 자백하지 않은 죄를 갖고 있기 때문이다. "마음에 죄악을 품으면 주께서 듣지 아니하시리라."(시 66:18)

두 번째로 하나님의 뜻과 말씀에 어긋난 기도를 했기 때문이다. "율법(말씀)을 듣지 아니하면 그의 기도도 가증하니라."(잠 28:9)

다음으로 그릇된 동기로 기도했기 때문이다. "구하여도 받지 못함은

정욕으로 쓰려고 잘못 구함이니라."(약 4:3)

그리고 다른 사람을 용서하는 마음 없이 기도하기 때문이다. "서서 기도할 때에 아무에게나 혐의가 있거든 용서하라."(막 11:25)

마지막으로 중언부언하는 기도를 했기 때문이다. "또 기도할 때에 이방인과 같이 중언부언 하지 말라 저희는 말을 많이 하여야 들으실 줄 생각하느니라."(마 6:7)

결론적으로 하나님과의 대화는 기도와 하나님의 말씀을 묵상하는 것이다. 매일 매일, 하나님 말씀의 묵상을 통해서 하나님께서 주시는 메시지와 교훈과 그리고 권면을 신앙적으로 잘 받아들인 다음 기도를 통해서 자기의 소원과 계획을 하나님께 호소하는 것이다. 이렇게 기도한 후 인내심을 가지고 하나님의 응답을 기다리는 것이다. 기도가 자기의 뜻대로 이뤄지든 아니든 하나님께 감사하는 것이다.

일본의 유명한 부흥사이며 신학자인 우찌무라 간조(1861-1930) 목사는 그가 기도한 제목들이 하나도 상달되지 않고 이루어지지 않은 것에 대하여 오히려 감사기도를 드리며 더 겸손해졌다고 하였다. 사도 바울

도 하나님께 기도와 간구를 할 때 반드시 감사가 있어야 한다고 강조하고 있다.(빌 46)

김득해(Samuel Dukhae Kim)

소그룹 성경 공부 안내서
(Small Group Bible Study Guide)

인쇄 2022년 5월 25일
발행 2022년 6월 03일

지은이 김득해
발행인 이노나
펴낸곳 인문엠앤비
주　소 서울특별시 종로구 북촌로4길 19, 404호(계동, 신영빌딩)
전　화 010-8208-6513
이메일 inmoonmnb@hanmail.net
출판등록 제2020-000076호

저자와 협의, 인지는 생략합니다.
잘못된 책은 바꿔 드립니다.

ISBN 979-11-91478-11-2 03200

값 10,000원